CARTA DE APRESENTAÇÃO

Olá, crianças!
Jesus gostava muito de contar histórias.

Certo dia, Ele contou a história de uma semente para nos ensinar que, se nós cuidarmos bem dela, ela irá crescer.

Ficará forte, saudável e depois vai virar uma linda plantinha. Tão linda, que todos vão admirar sua beleza!

E dirão:

- Hum! Que linda plantinha.

- Como são bonitas e cheirosas suas flores e deliciosos os seus frutos.

Para Jesus, somos como essa sementinha: para crescermos, precisamos de muito carinho, de atenção e, principalmente, precisamos ouvir os seus conselhos.

Neste ano, teremos a oportunidade de aprender muitos conselhos de Jesus. Vamos ficar atentos para ouvi-los e colocá-los em prática.

Com carinho,

Josie e Regina Helena.

Nome:____________________ Catequista:____________________

1 - AOS POUQUINHOS

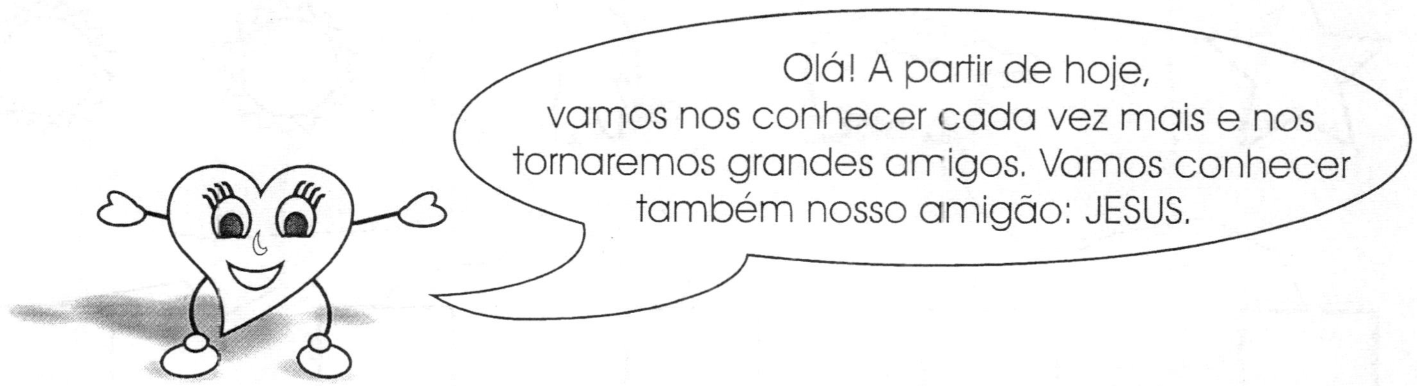

I. Descubra quem é Jesus. Para isto, siga a numeração e escreva a frase corretamente.

____

____

2. Faça um cartão bem bonito para um de seus amigos e o recorte:

3. Escreva, no quadrinho correto, a primeira letra do nome de cada figura e descubra quem quer ser o seu maior amigo:

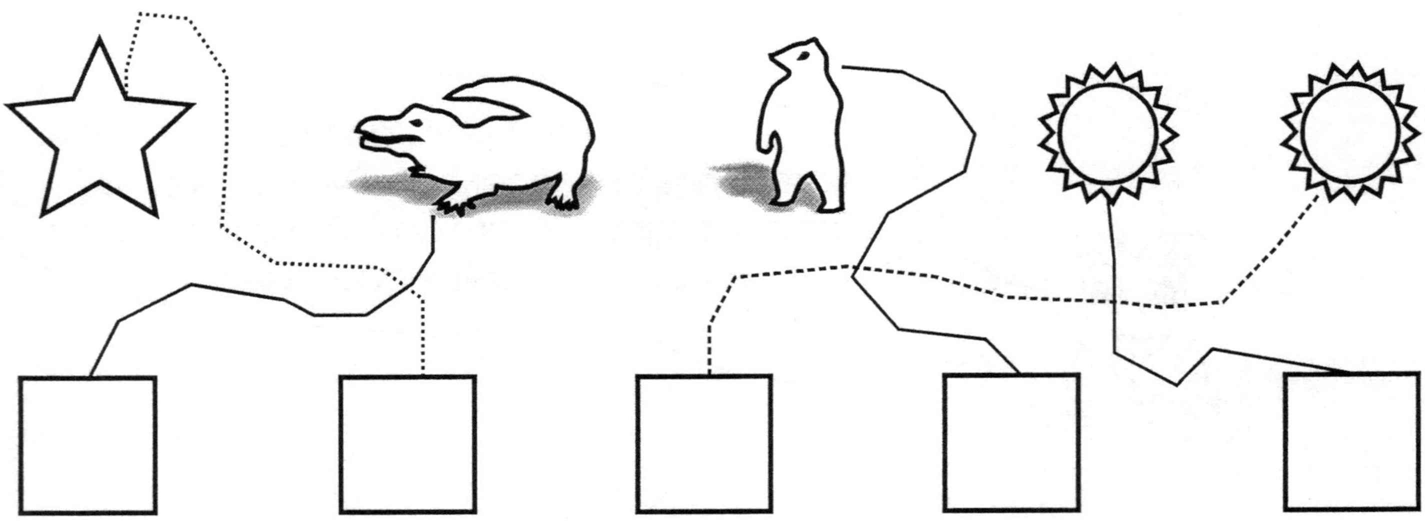

Oração do dia:

Ó Jesus, a nossa turma é legal.
Nós queremos conhecer você aos pouquinhos. Por isso, estamos muito contentes.
Obrigado, Jesus!

Nome:____________________ Catequista:____________________

2 - VOU CONHECER A DEUS

1. Observe o desenho e complete-o com os presentes de Deus para nós e depois pinte-o.

2. Procure, no caça-palavras, o nome dos cinco presentes que Deus nos deu. Pinte cada palavra com uma cor diferente.

S	E	M	E	N	T	E	A
A	T	E	R	R	A	S	G
A	N	I	M	A	I	S	U
P	L	A	N	T	A	S	A

VAMOS REZAR:

Obrigado, Senhor!

Catequista: Pelo sol e pela água.

Catequizandos: Obrigado, Senhor!

Catequista: Pela terra e pelo vento.

Catequizandos: Obrigado, Senhor!

Catequista: Pelas árvores e pelas flores.

Catequizandos: Obrigado, Senhor!

Catequista: Pelas plantas e pelas sementes.

Catequizandos: Obrigado, Senhor!

Catequista: Pelos animais e pelos pássaros.

Catequizandos: Obrigado, Senhor!

Nome:____________________ Catequista:__________________

3 - UM LIVRO PARA AMAR

1. Depois de ouvir a história que seu catequista contou, ajude Carol a chegar até a Bíblia, e pinte-a.

2. Enfeite o marcador de páginas e recorte-o.

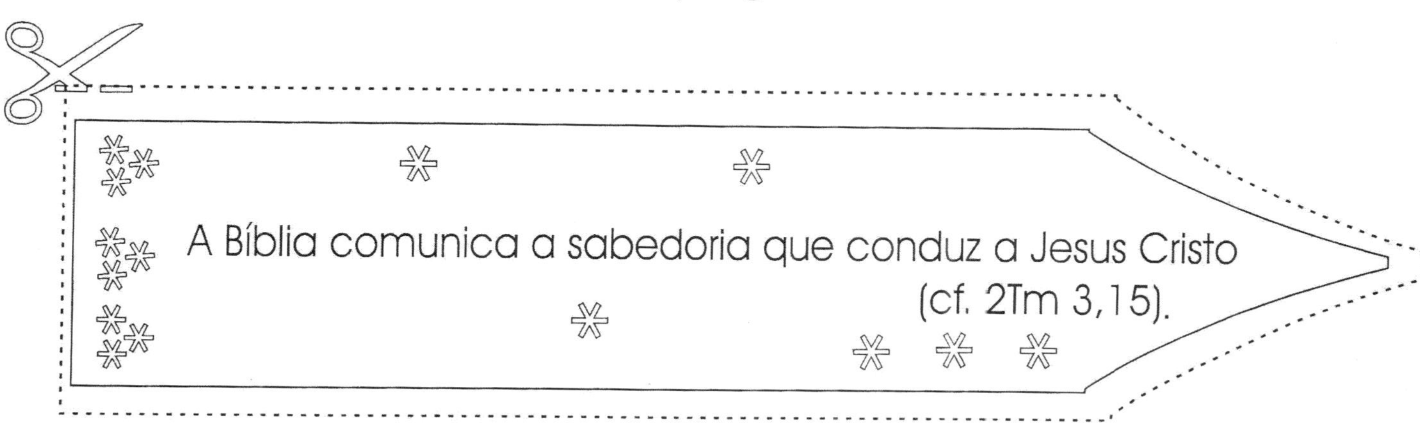

Catequista: Vamos rezar
a oração que se
encontra na Bíblia:
Crianças: Pai nosso,
que estais no céu,
santificado seja o vosso
nome, venha a nós o
vosso reino, seja feita
a vossa vontade, assim
na terra como no céu.
O pão nosso de cada dia
nos dai hoje, perdoai-nos
as nossas ofensas, assim
como nós perdoamos
a quem nos tem ofendido,
e não nos deixeis cair
em tentação,
mas livrai-nos
do mal. Amém.

Nome:____________________ Catequista:____________________

4 - UM SIM ESPECIAL

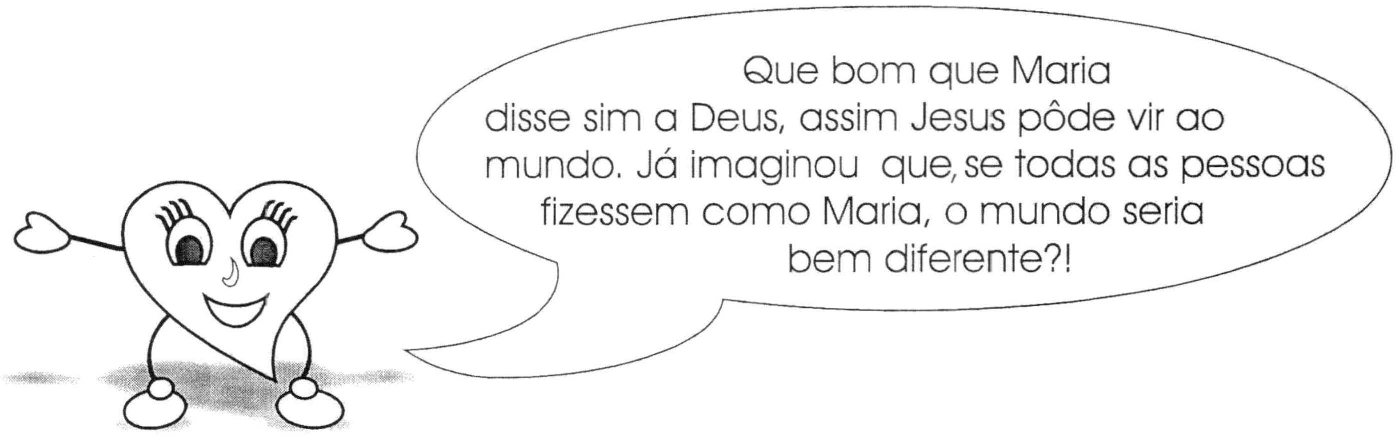

1. Ajude o anjo a chegar até Maria, colando casquinhas de lápis nos degraus.

2. Pinte os espaços que têm um pontinho e descubra a resposta que Jesus espera de você:

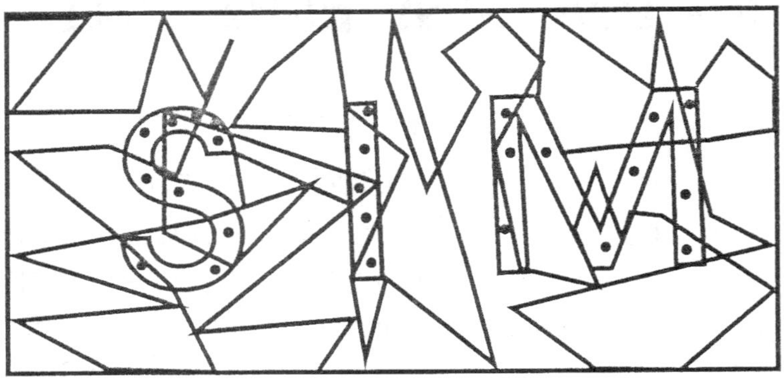

3. Coloque "F" quando for falso e "V" quando for verdadeiro. Estou dizendo "sim" a Deus quando:

( ) Obedeço papai e mamãe.
( ) Brigo com os amigos.
( ) Falto à missa.
( ) Ajudo as pessoas.
( ) Converso com Jesus.

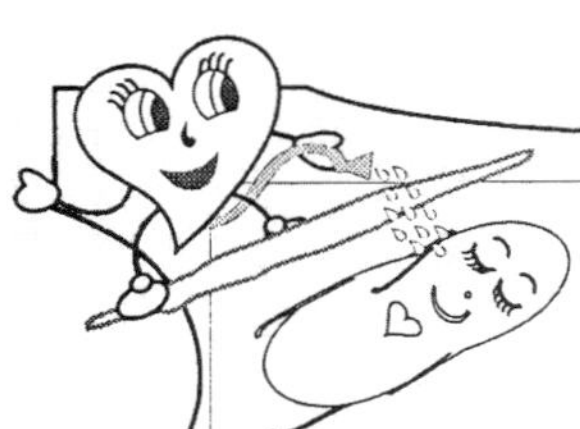

Ave-Maria:

Ave Maria, cheia de graça, o Senhor é convosco; bendita sois vós entre as mulheres e bendito é o fruto do vosso ventre, Jesus. Santa Maria, Mãe de Deus, rogai por nós pecadores, agora e na hora de nossa morte. Amém.

Nome:____________________ Catequista:____________________

5 - ALELUIA! JESUS NASCEU!

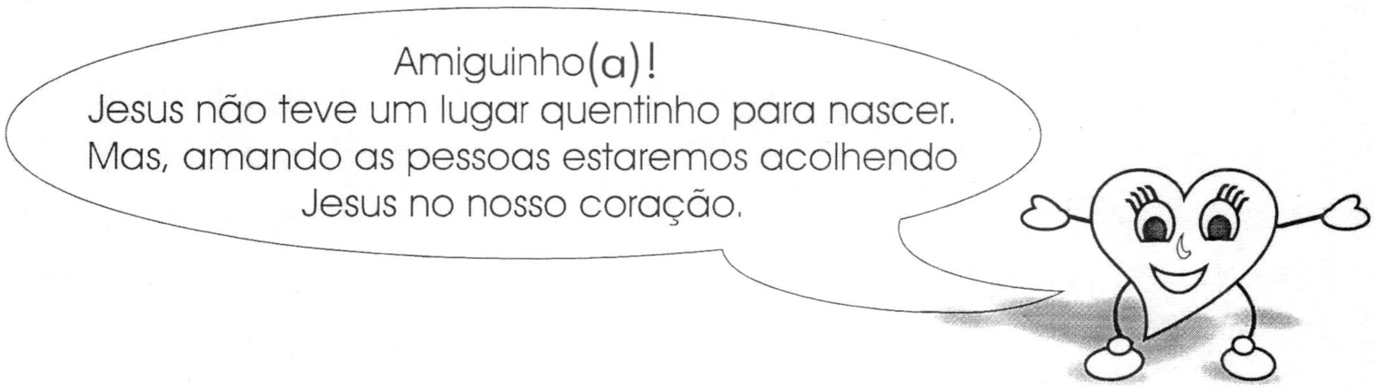

1. Desenhe e pinte o Menino Jesus na manjedoura. Depois, complete a palavra e descubra o nome da festa de seu aniversário.

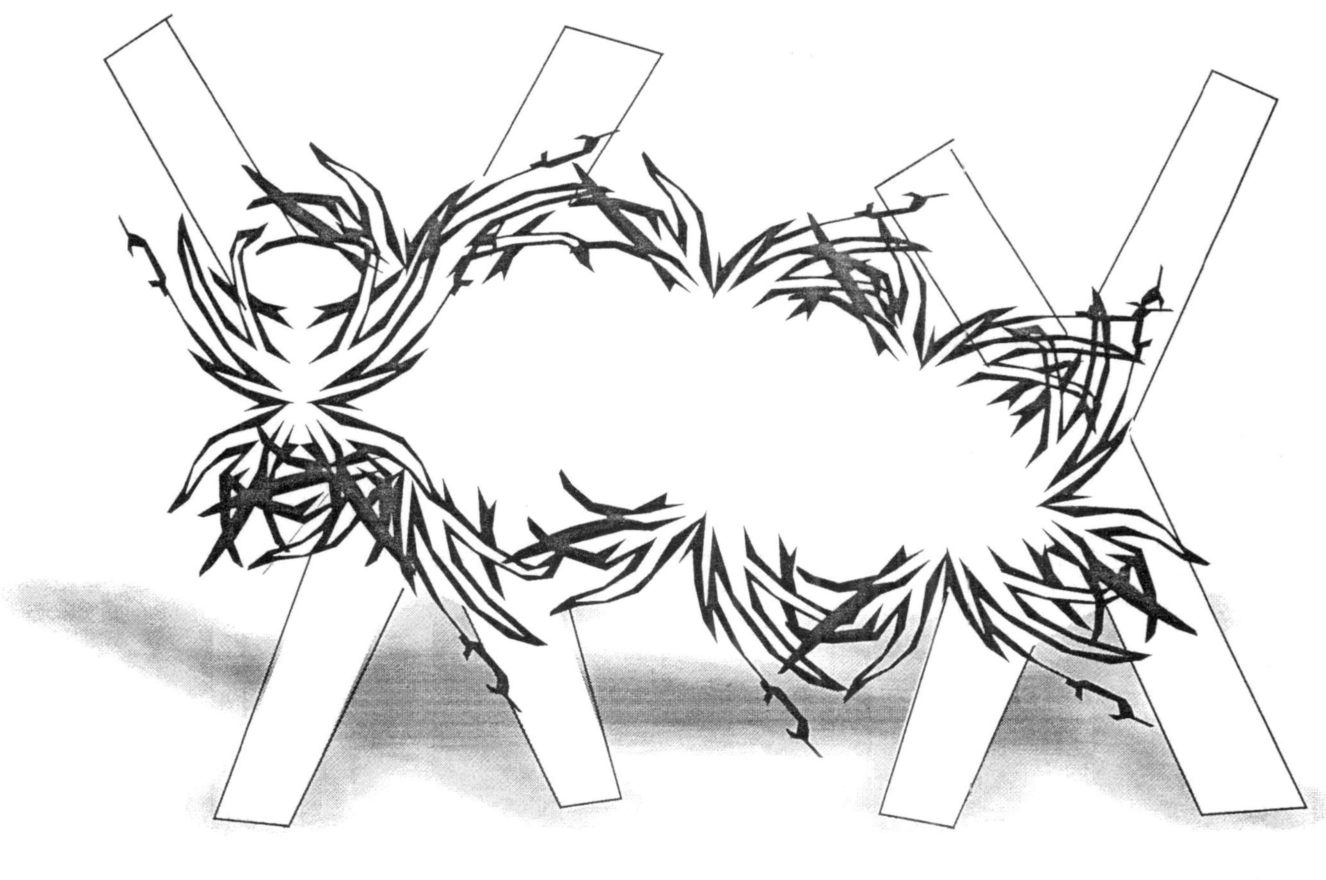

N ___ T ___ L

2. Construa um caminho com bolinhas de papel, ligando o coração que representa o seu ao coração de Jesus

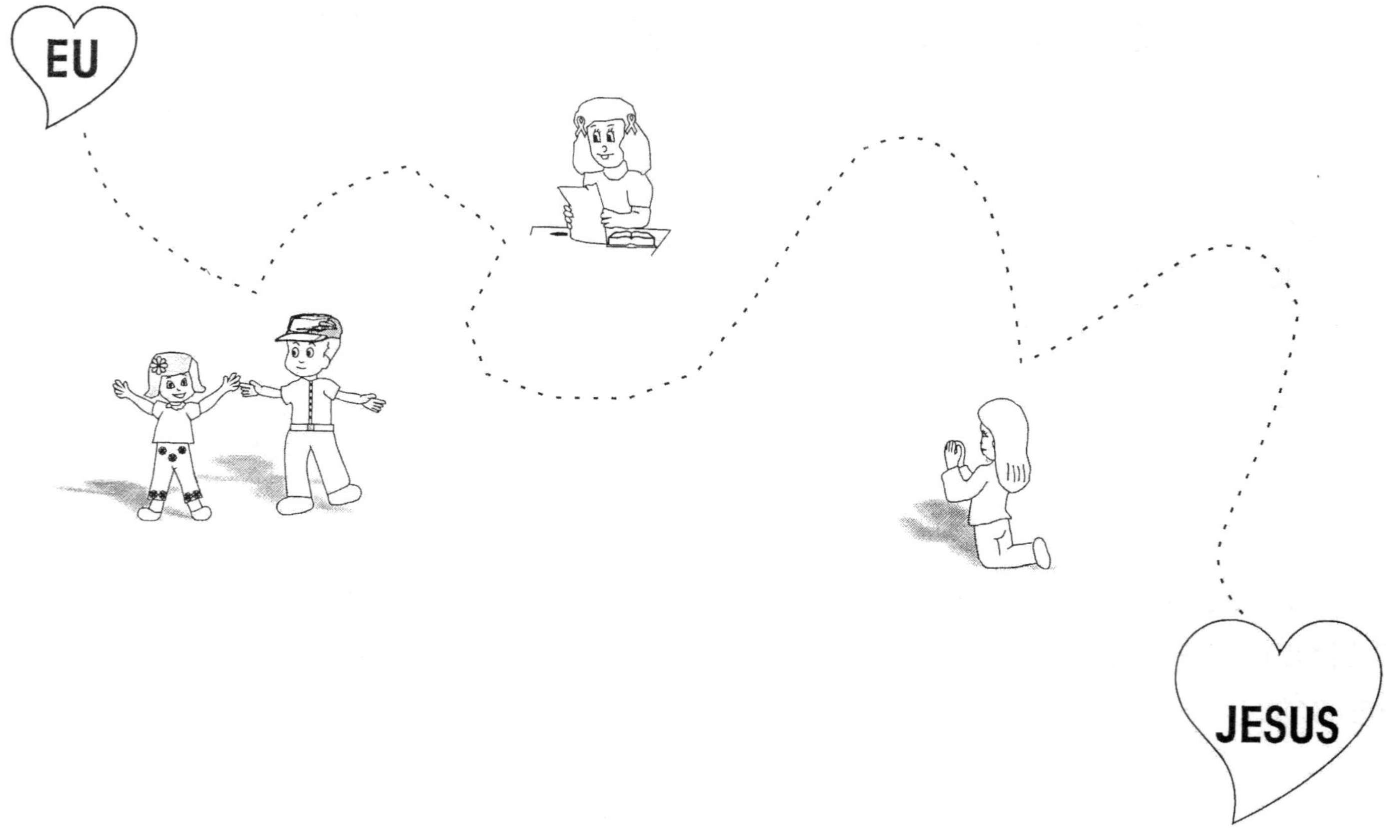

Em volta do Menino Jesus, vamos todos nos colocar.
Ele nasceu em Belém, mas conosco quer morar.

GUARDANDO DE COR

"Jesus, quero que você viva em meu coração."

Nome:____________________ Catequista:__________________

6 - QUEM QUER CRESCER?

1. Numere os livros na ordem certa e descubra, na frase, como o menino Jesus crescia. Copie a frase no espaço abaixo.

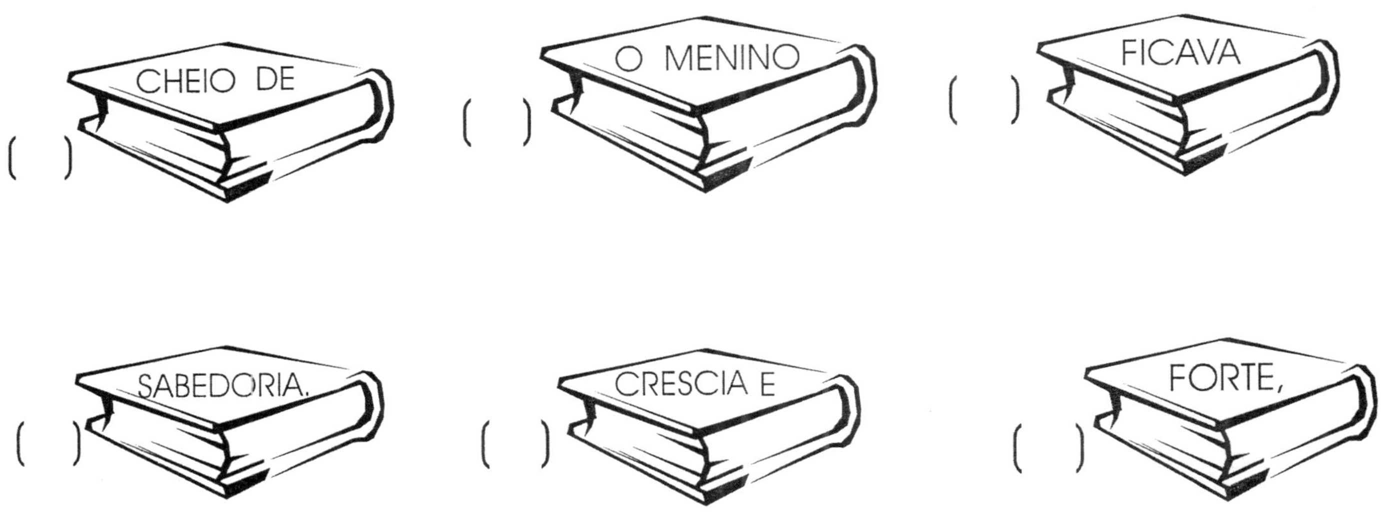

____

____

____

Preces:

Catequista: Pelos nossos pais, que nos ajudam e nos levam à escola.
Crianças: Queremos te agradecer, Jesus.
Catequista: Pelos professores, que nos ensinam tantas coisas boas.
Crianças: Queremos te agradecer, Jesus.
Catequista: Pelas pessoas que arrumam as salas para nós.
Crianças: Queremos te agradecer, Jesus.
Catequista: Pelos nossos coleguinhas, que estudam e brincam conosco.
Crianças: Queremos te agradecer, Jesus.

Nome:____________________ Catequista:____________________

7 - QUE MENINO DIFERENTE!

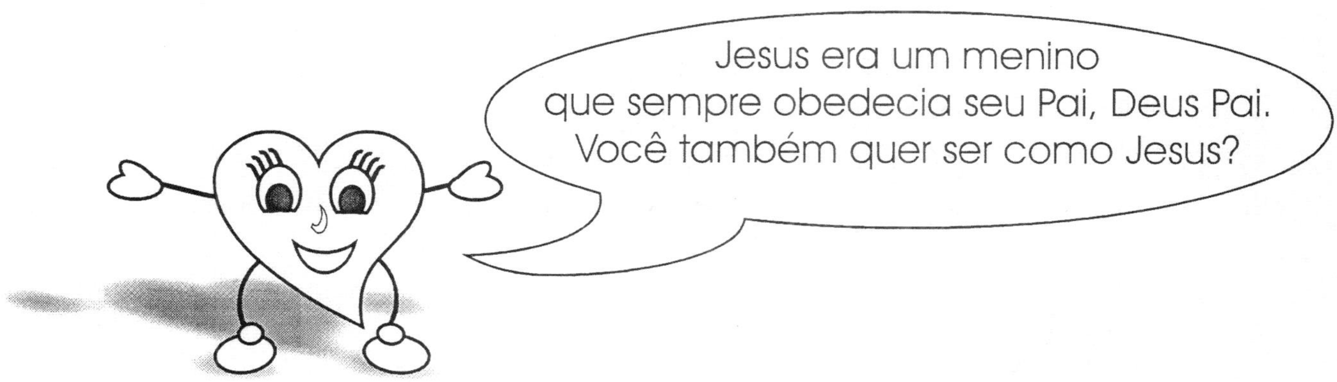

1. Ligue ao galho as frutas com as atitudes que nos ajudam a crescer como Jesus. Depois, escolha uma delas para fazer um desenho.

RESPEITAR AS PESSOAS

MENTIR

REZAR

JOGAR PEDRA

ESTUDAR

OBEDECER AOS PAIS

IR À MISSA

Minha escolha:

2. Procure a palavra que falta para completar a frase:

"Para me parecer com Jesus eu preciso ser

....

a Deus Pai."

Z X T L Y B O H Z M T A

C T N H I X M S N T Y R

O B E D I E N T E A I J

A F Q R U I O M N I Ç A

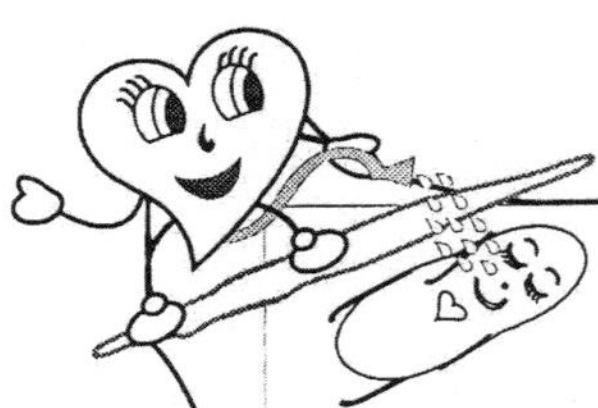

Pai-nosso:

Pai nosso, que estais no céu,
santificado seja o vosso nome,
venha a nós o vosso reino, seja
feita a vossa vontade, assim
na terra como no céu.
O pão nosso de cada dia nos
dai hoje, perdoai-nos as nossas
ofensas, assim como nós
perdoamos a quem nos tem
ofendido, e não nos deixeis
cair em tentação,
mas livrai-nos do mal.
Amém.

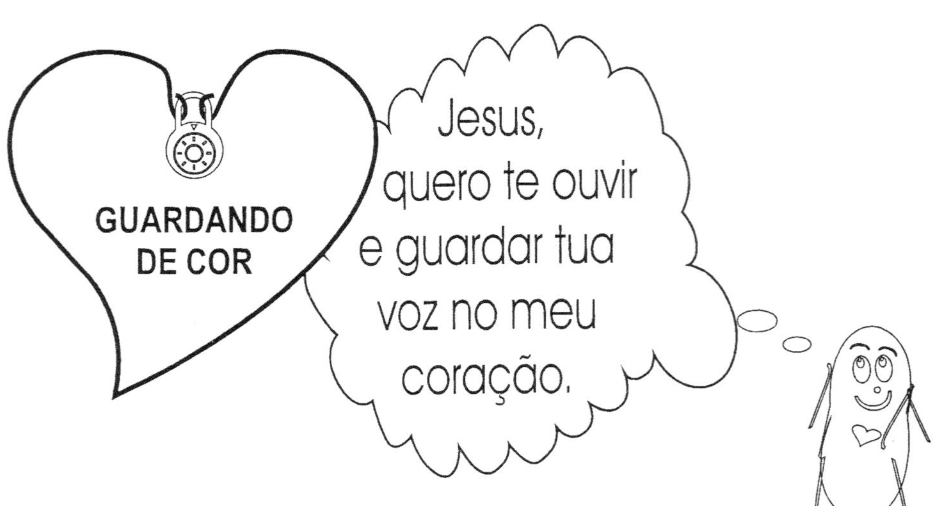

Nome:____________________ Catequista:____________________

8 - SOMOS DA MESMA FAMÍLIA DE JESUS

1. Ajude a formiga a encontrar sua família a quem tanto ama. Que tal fazer isso colando um fio de lã pelo caminho?

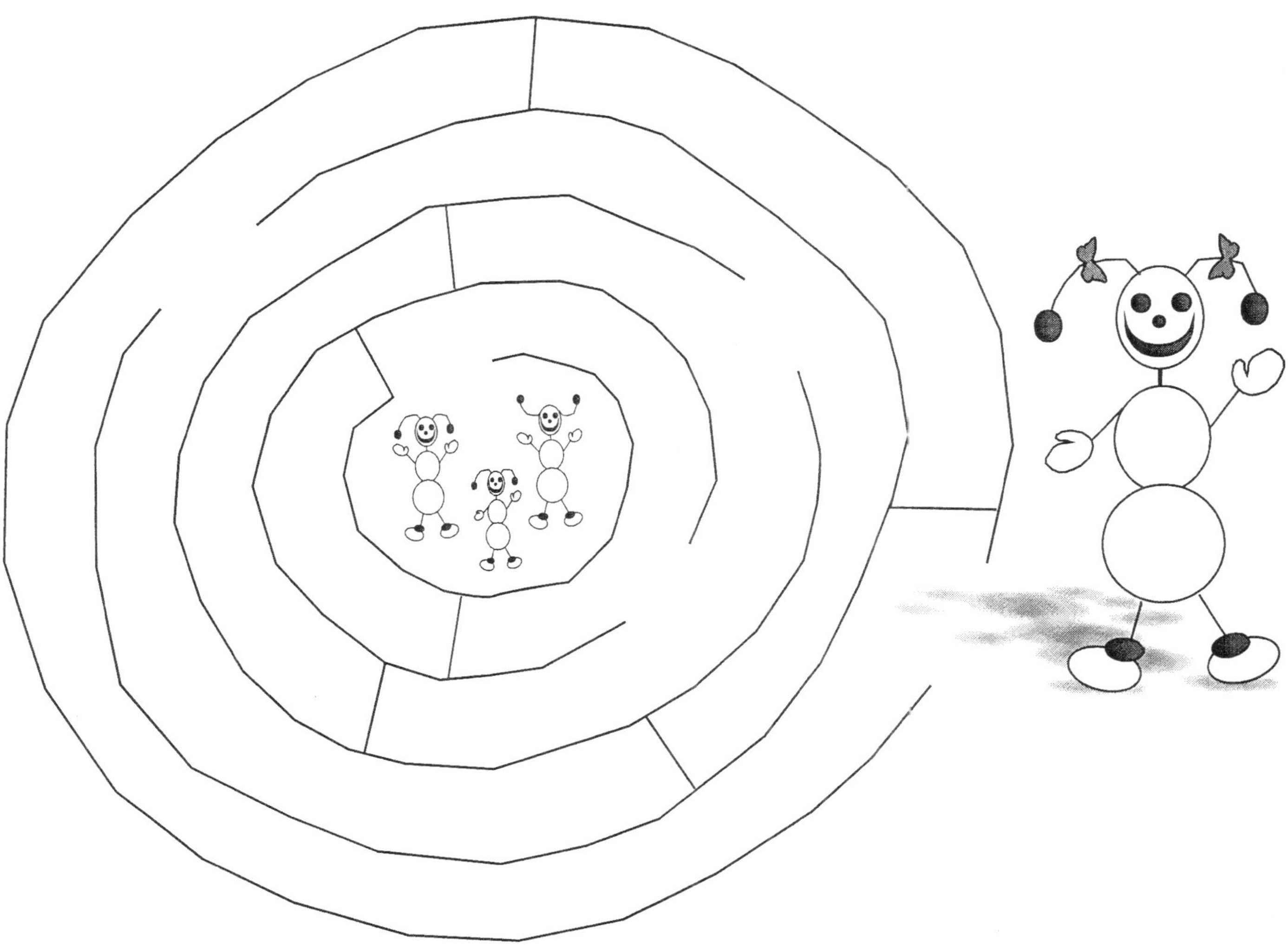

2. Recorte as casinhas no final da página. Depois, cole-as nos espaços para completar a frase.

Quando ______ as pessoas,

fazemos parte da ______ de ______

Oração:

Catequista: Abençoe e proteja as famílias do mundo inteiro.

Catequizandos: Jesus, escute a nossa prece.

Catequista: Cuide dos nosssos pais.

Catequizandos: Jesus, escute a nossa prece.

Catequista: Proteja meus irmãos e a mim também.

Catequizandos: Ajude-me a ser um filho educado e obediente.

Todos: Amém!

Nome:____________________ Catequista:____________________

9 - VOU CAMINHAR COM JESUS

1. Escreva, nos peixinhos, o nome das pessoas que você gostaria de "pescar", para que fiquem mais perto de Jesus.

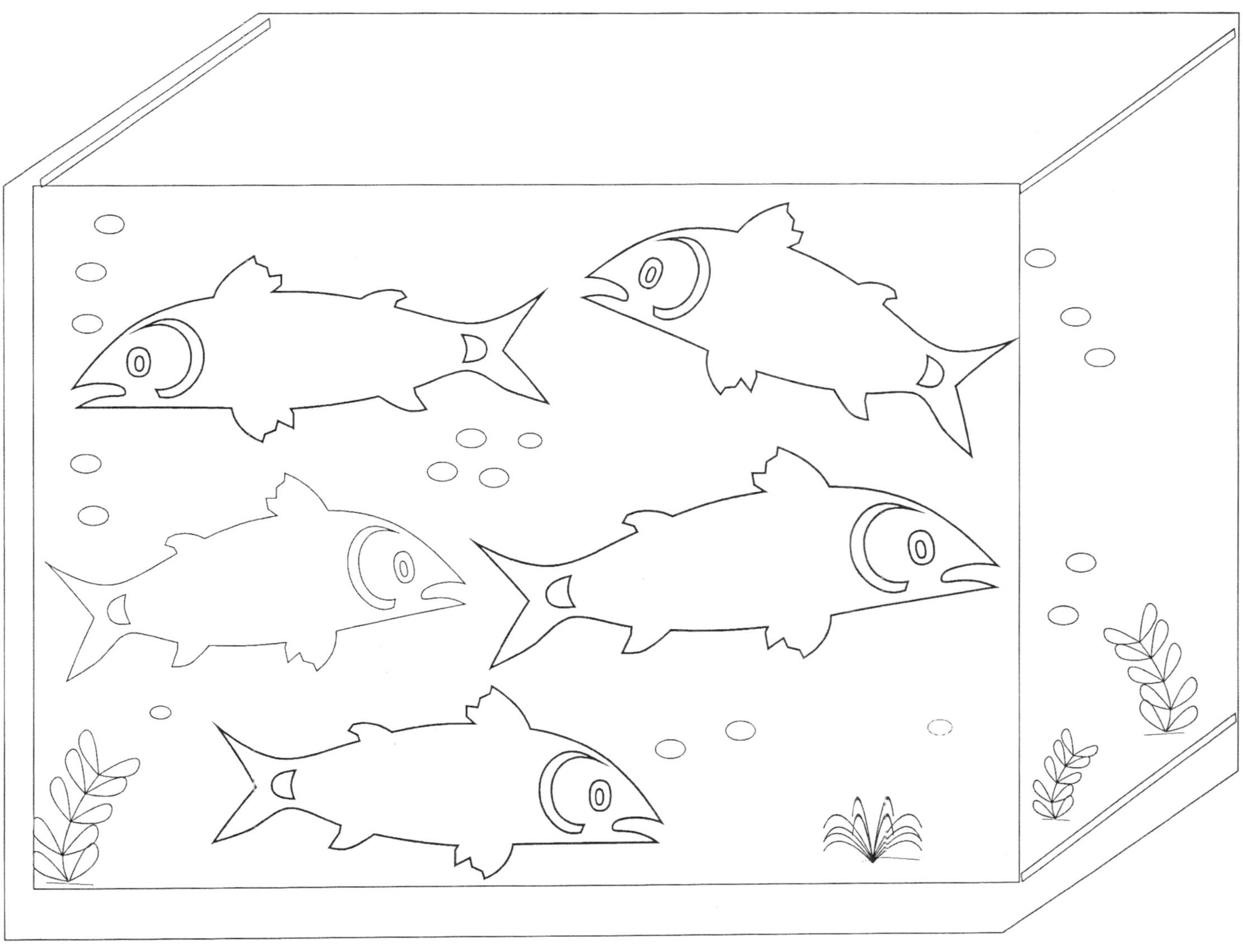

2. Faça um desenho sobre a história “Jesus e os doze”, que você aprendeu com o seu catequista:

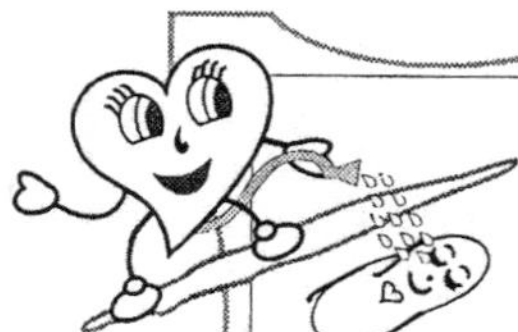

Oração:

Jesus, meu amigo,
antes você chamou
os doze.
Hoje, você me chama.
Eu vou te seguir.
Obrigado, Jesus!

“Venham comigo e eu farei de vocês pescadores de homens.”

Nome:____________________ Catequista:___________________

10 - IGREJA, CASA DE TODOS NÓS

1. Quando nos reunimos em comunidade, somos chamados de Igreja. Enfeite a igreja, lugar em que a família dos cristãos se reúne, seguindo as orientações:

- Telhado: colar raspinhas de lápis;
- Paredes: colar palitos de sorvete;
- Escada: colar pedacinhos de papel colorido;
- Cruz: colar arroz.

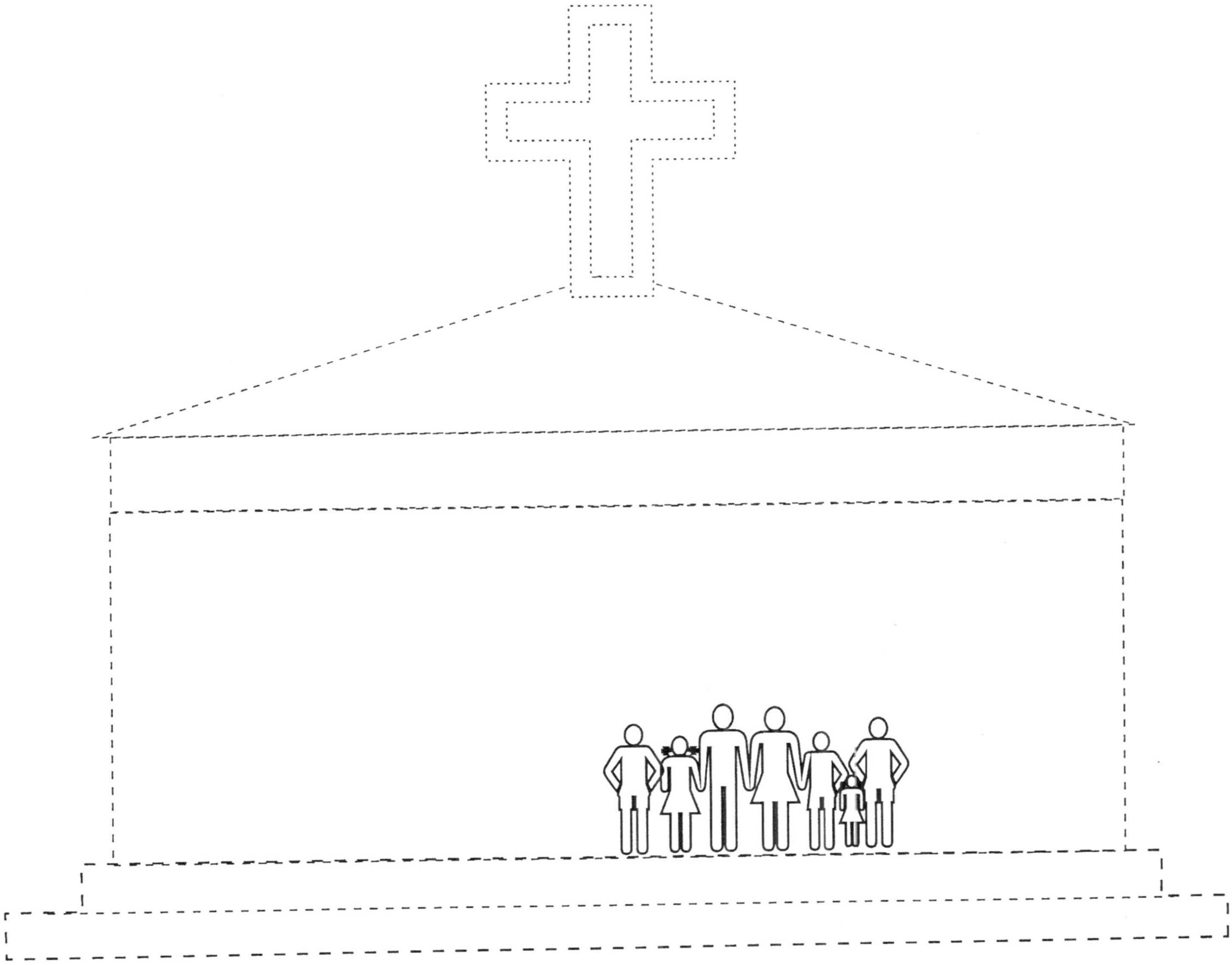

Santo Anjo

Santo Anjo do Senhor,
meu zeloso guardador,
se a ti me confiou a
piedade divina,
sempre me rege,
guarda, governa e
ilumina. Amém.

Jesus gosta muito de nos ver reunidos. Sabe o que Ele disse sobre isto? Vamos juntos ler a frase e depois enfeitá-la.

GUARDANDO DE COR

"Onde dois ou três estiverem reunidos em meu nome, eu estou no meio deles."

Nome:____________________ Catequista:____________________

11 - NOS PASSOS DE JESUS

1. Pinte os barquinhos que têm as boas atitudes que podem nos ajudar a ir ao encontro de Jesus:

2. Copie a frase no espaço abaixo:

VOU AJUDAR AS PESSOAS COM ALEGRIA

___

___

Pai-nosso:

Pai nosso, que estais no céu, santificado seja o vosso nome, venha a nós o vosso reino, seja feita a vossa vontade, assim na terra como no céu. O pão nosso de cada dia nos dai hoje; perdoai-nos as nossas ofensas, assim como nós perdoamos a quem nos tem ofendido, e não nos deixeis cair em tentação, mas livrai-nos do mal. Amém.

Quem de vocês quiser ser o primeiro deverá tornar-se o servo de todos.

Nome:____________________ Catequista:____________________

12 - JESUS ENSINA COMO SER AMIGO

1. Cole figuras que expressem o cumprimento do mandamento de Jesus.

"O meu mandamento é este:
amem-se uns aos outros, assim
como eu amei vocês" (Jo 15,12).

2. Procure e pinte as palavras especiais que você pode usar para agradar e fazer Jesus e seus amigos felizes.

A P O R E S P E I T A R I M A T I
A B D E S C U L P E C D E A I E
X I N G A R O B R I G A D O B
P O R F A V O R A S I M N Ã O
S E R G E N T I L Ç S P U J M H
I S H T C O L A B O R A R U Y I

" Amem-se uns aos outros, assim como eu amei vocês."

GUARDANDO DE COR

"Vocês serão meus amigos, se fizerem o que eu estou pedindo."

Nome:____________________ Catequista:____________________

13 - CONVERSANDO COM JESUS

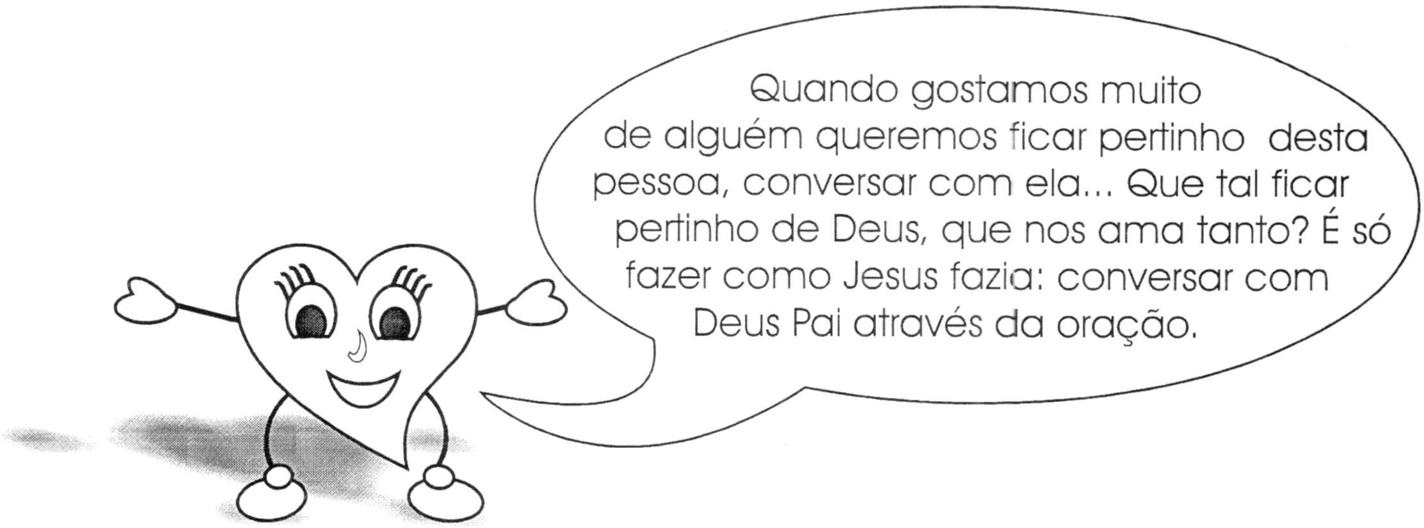

1. Você ouviu, de seu catequista, a história de Bruna. Ajude-a chegar até sua cama e circule com lápis colorido o que ela precisa fazer antes de se deitar.

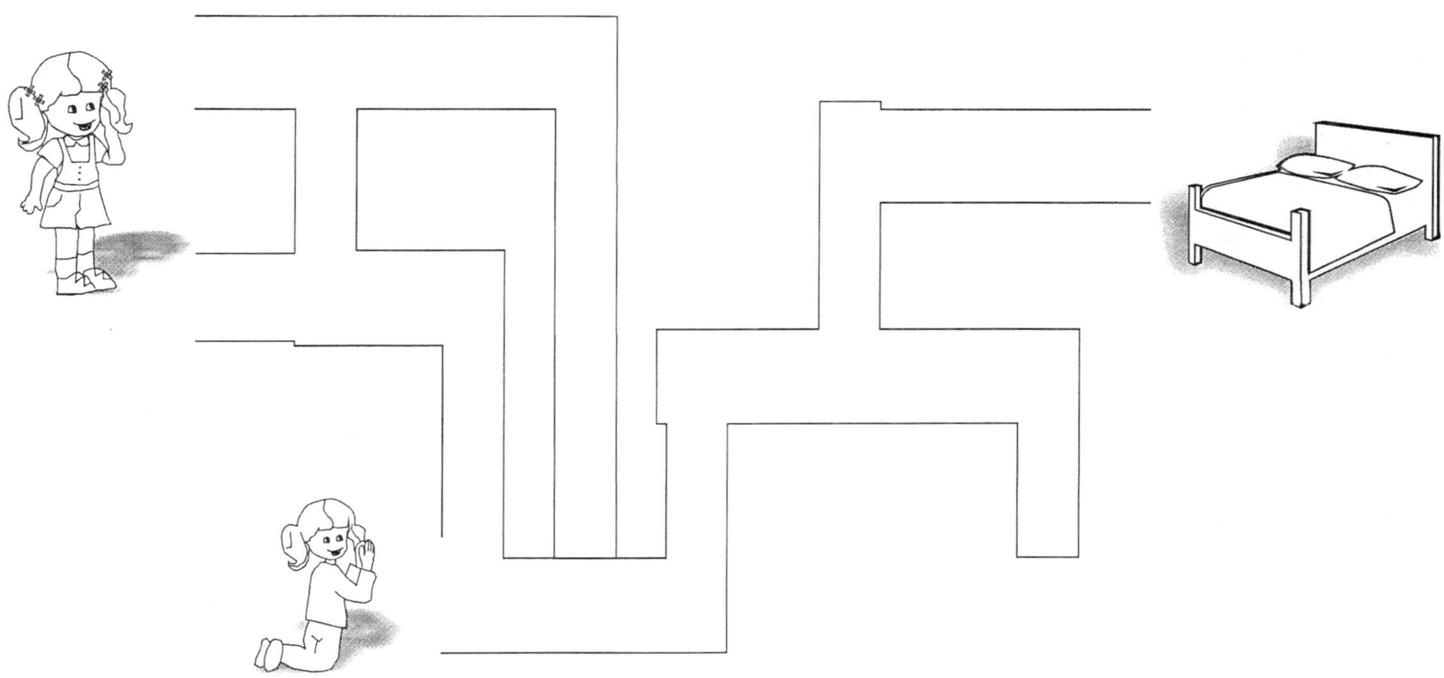

2. Cole pedacinhos de papel de cor laranja na chama das velas que explicam o que é rezar.

- Estar com Deus
- Não ouvir o que Deus diz
- Ouvir o que Deus diz
- Rezar o Pai-nosso
- Agradecer
- Ficar longe de Deus
- Conversar com Jesus
- Pedir perdão

Pai-nosso:

Pai nosso, que estais no céu,
santificado seja o vosso nome,
venha a nós o vosso reino, seja
feita a vossa vontade, assim
na terra como no céu.
O pão nosso de cada dia nos
dai hoje; perdoai-nos as nossas
ofensas, assim como nós
perdoamos a quem nos tem
ofendido, e não nos deixeis
cair em tentação, mas livrai-
nos do mal.
Amém.

Nome:____________________ Catequista:____________________

14 - VAMOS À FESTA

1. As crianças fizeram uma festa. Ligue os pontos para sabermos o nome de quem está com elas na festa.

2. Descubra a palavra que falta na frase abaixo, usando os balões.

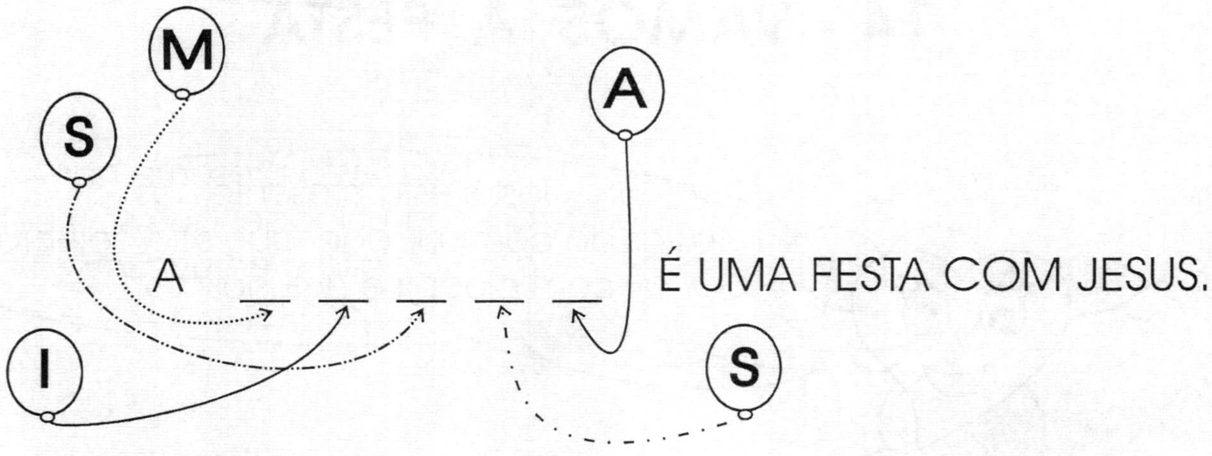

3. Escreva duas datas que você acha muito importantes:

____

____

Glória-ao-Pai

Glória ao Pai, ao Filho e ao Espírito Santo.
Como era no princípio, agora e sempre.
Amém.

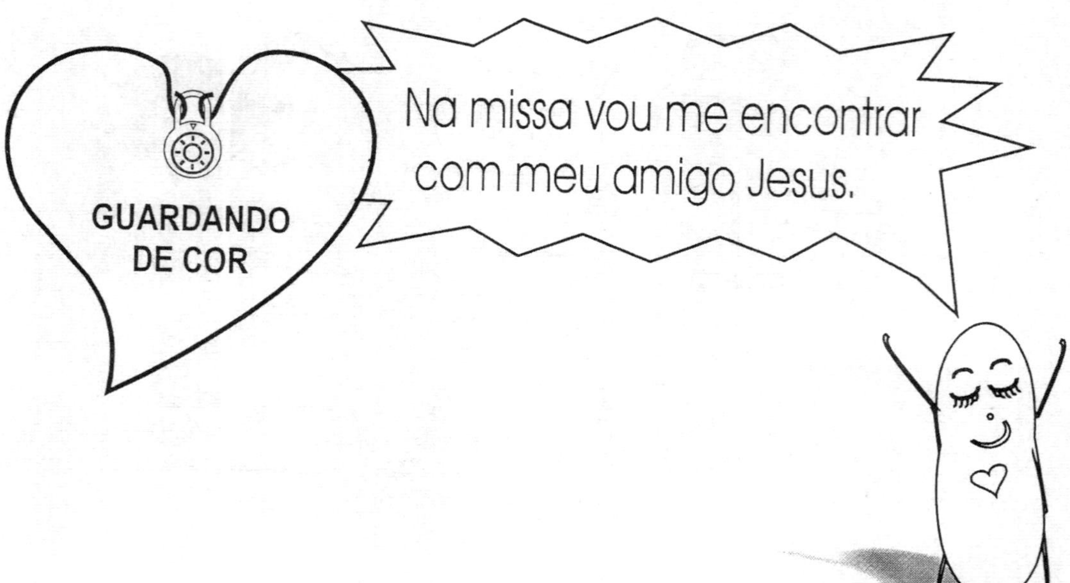

Nome:____________________ Catequista:____________________

15 - ALÔ, ALÔ, JESUS! SOU EU

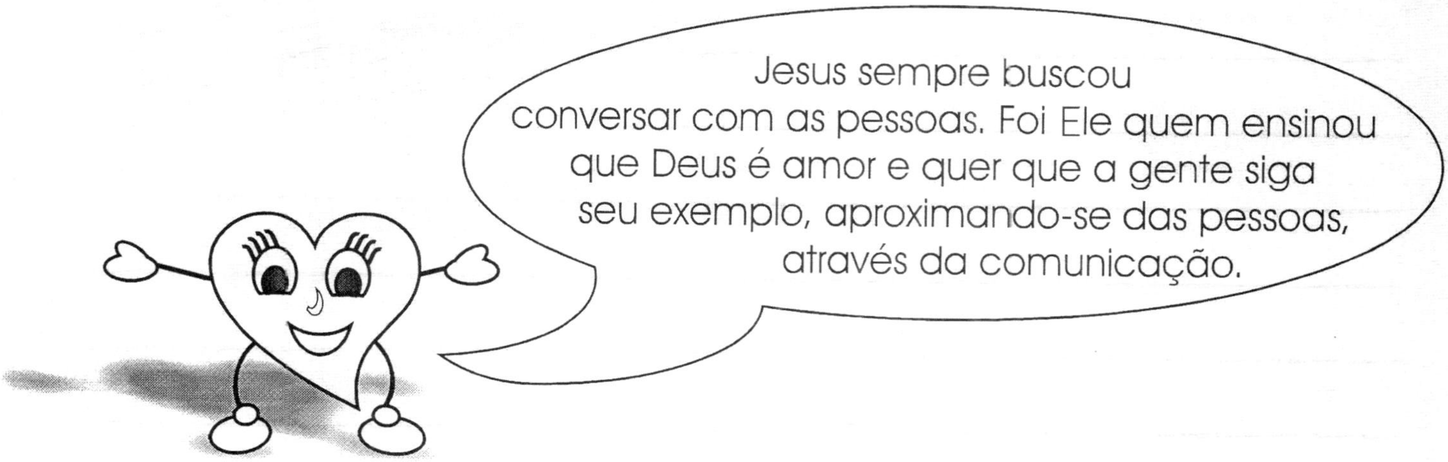

1. A comunicação nos ajuda a ficar mais perto das pessoas. Descubra e pinte as três formas de comunicação:

```
G E S C R I T A I A
G E S T O S A B A
M D A C F A L A D
C M D A C F M O
```

2. Ligue o telefone às frases corretas, colando barbante:

Jesus também se comunica conosco.

Jesus falava através de histórias.

Jesus não gosta de falar com as pessoas.

Jesus ensinou que Deus é amor.

3. Jesus fica muito feliz quando você se comunica com Ele. Escreva um bilhete para seu amigo Jesus.

Oração

Jesus, obrigado por suas palavras.
Ajude-me a escutar com amor
o que você me diz: na catequese,
nas missas, nas orações.
Quero escutá-lo em todos
os momentos de minha vida.
Amém.

"Quero me comunicar como Jesus."

Nome:____________________ Catequista:____________________

16 - CUIDAR COM AMOR E CARINHO DOS DOENTES

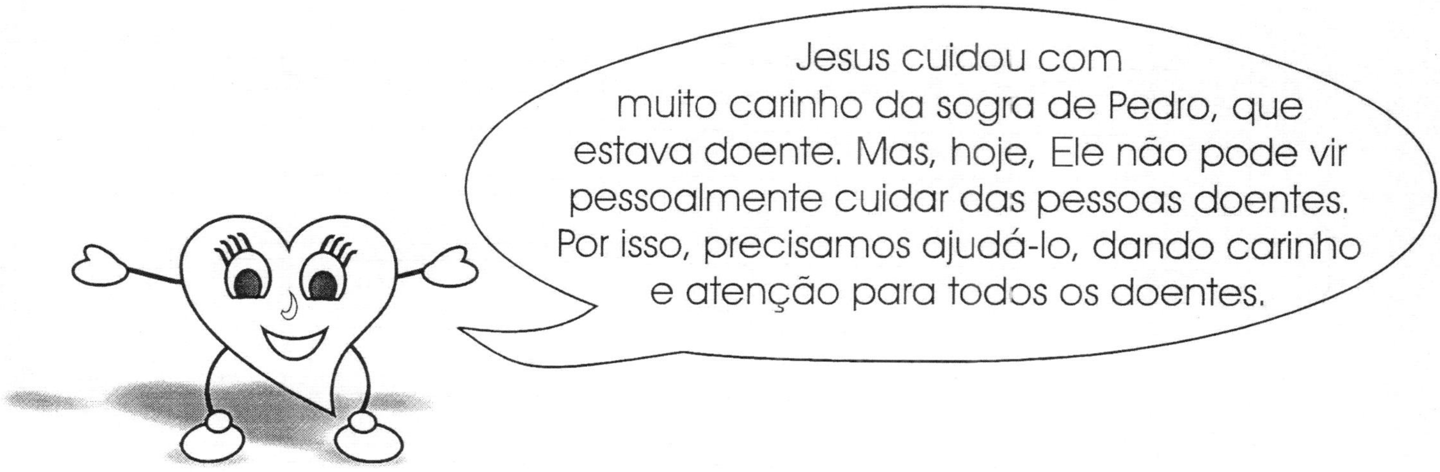

1. Desenhe você ajudando uma pessoa doente:

2. Faça uma oração pedindo a Jesus pelas pessoas doentes que você conhece:

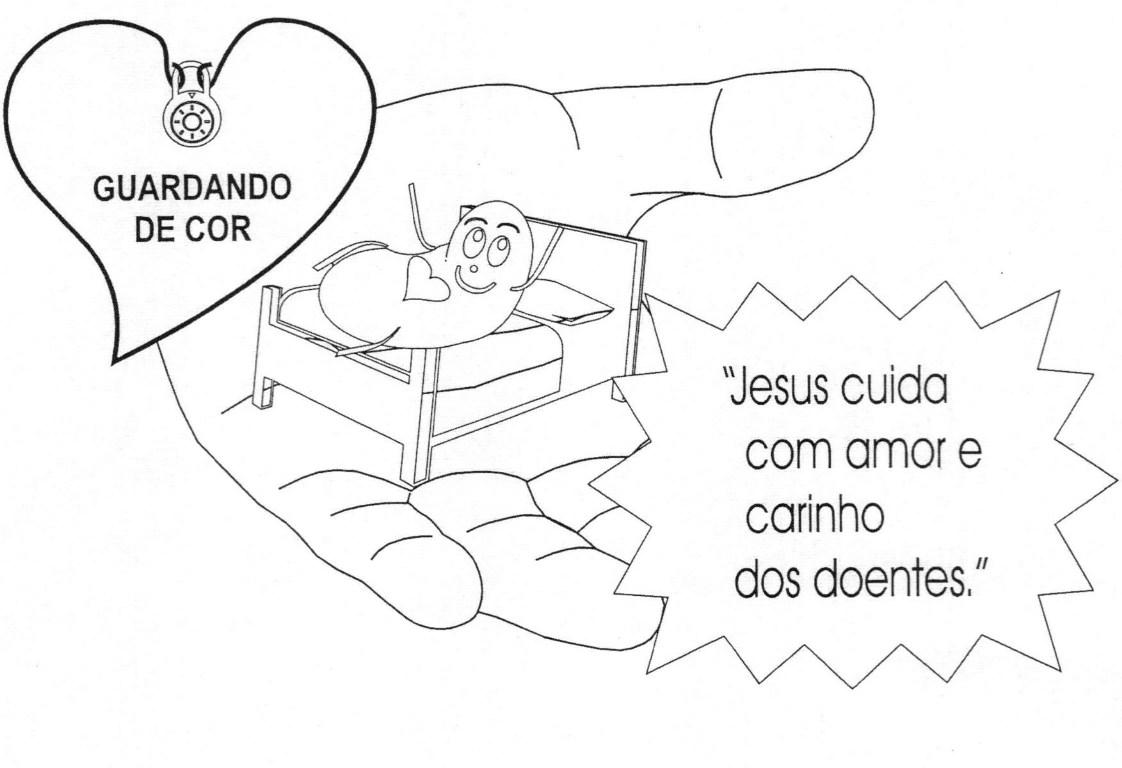

Nome:____________________ Catequista:____________________

17 - JESUS NOS ENSINA A AMAR

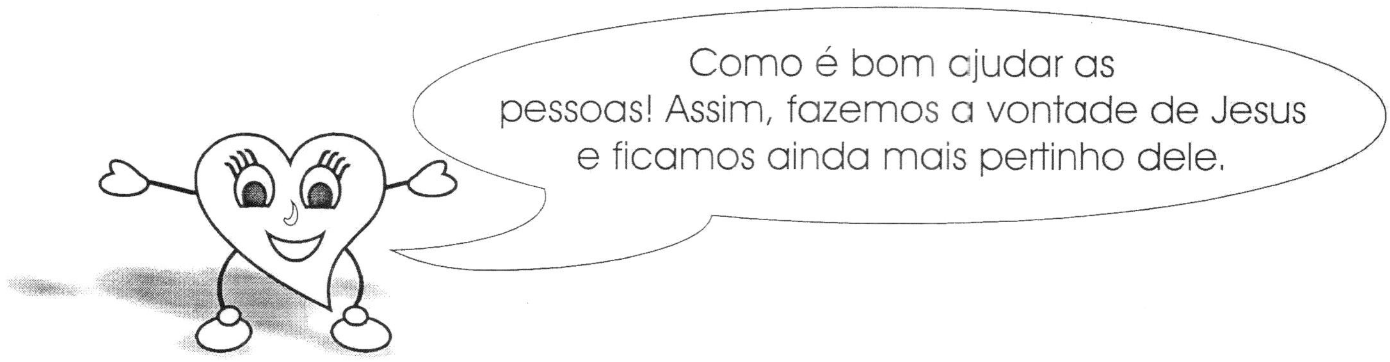

1. Você ouviu de seu catequista a história de amor de dona Cláudia por Zinho. Que tal completar a história com desenhos?

Zinho era um ____________________ de ____________________. Comia o que achava no ____________________ ou o que ganhava das pessoas.

Certa manhã começou a ____________________ muito forte e Zinho molhou-se todinho. Dona ____________________ entregou a ele uma ____________________ com ____________________ e ____________________, uma ____________________ e uma ____________________ de refrigerante.

A partir deste dia eles se tornaram ____________________ e combinaram visitar um lugar onde as ____________________ sem família podem morar.

2. Escreva a primeira letra de cada figura e descubra o que e preciso ter para ajudar as pessoas:

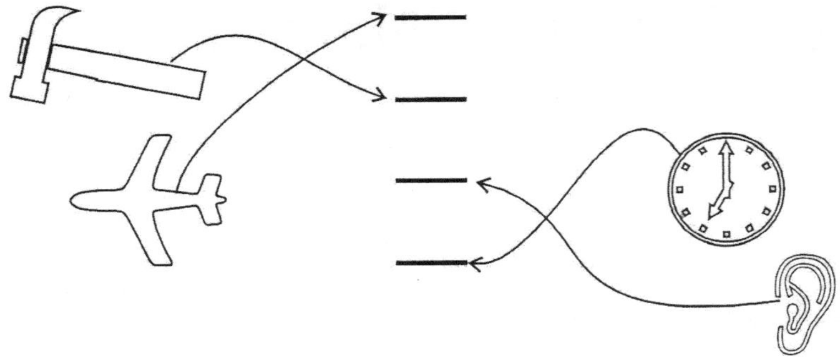

3. Ligue as letras e descubra o que você pode dar às pessoas que têm fome e sede.

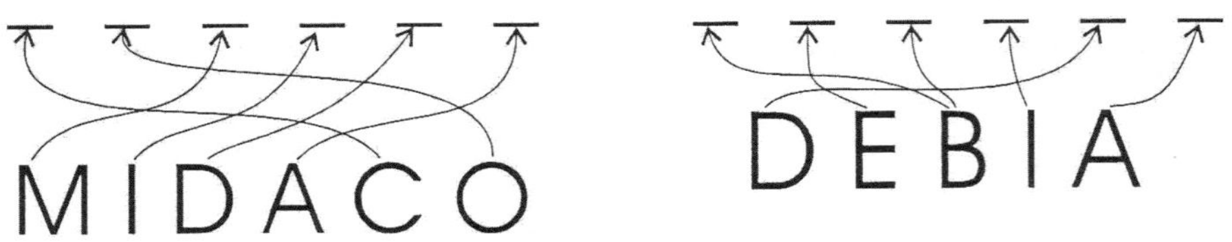

Meu sorriso não é só meu,
Foi Deus quem me deu:
Este sorriso que não é só meu.
O que eu tenho de bom
é pra dar aos meus irmãos.

(Pe. ZEZINHO. **Deus é bonito**. Cd. São Paulo: COMEP, 198_, faixa 21)

Nome:____________________ Catequista:____________________

18 - QUEM AMA PARTILHA

1. Recorte os pães e os peixes, no final da página. Depois cole-os na cesta formando a palavra que nos ajuda a descobrir o que Jesus quis nos ensinar com o milagre da multiplicação dos pães.

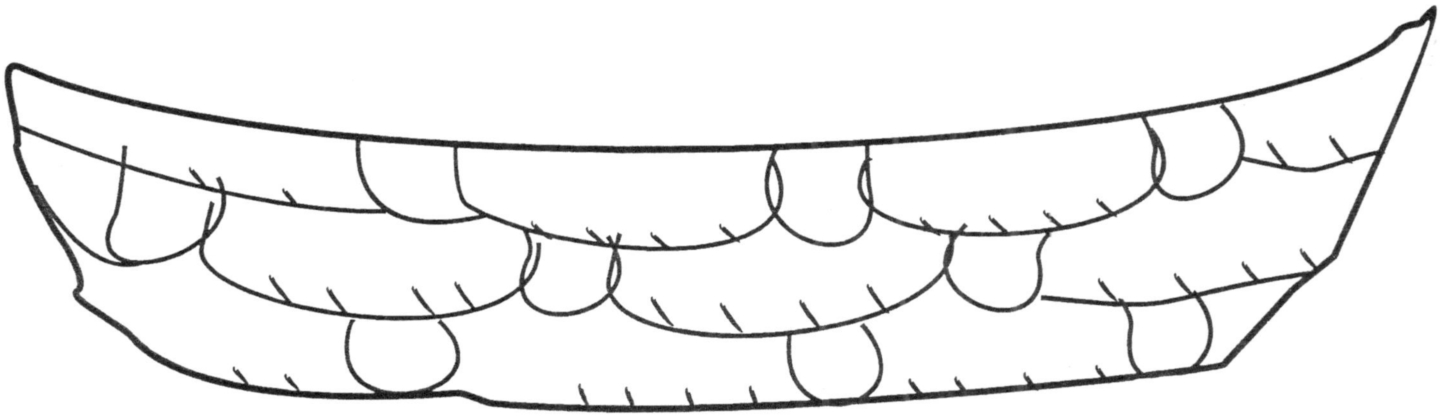

2. Complete a passagem bíblica utilizando as palavras abaixo:

SENTADOS PEIXES DEUS PÃES

"Jesus pegou os ______________________, agradeceu a ______________ e distribuiu aos que estavam ________________________. Fez a mesma coisa com os ___ __________________________" (Jo 6,11).

Oração da partilha:

Jesus, eu te peço:
– ensina-me a partilhar.
Quero, como aquele menino,
dar aquilo que tenho
para que possas abençoar,
e, assim, partilhar com
quem precisa.
Amém.

Nome:____________________ Catequista:____________________

19 - "VINDE A MIM AS CRIANCINHAS"

1. Desenhe Jesus acolhendo você e seus amigos.

2. Copie, no marcador de páginas, o texto da Bíblia que lemos no encontro de hoje (Mt 19,14). Decore, recorte e dê de presente para algum amigo que não faz catequese.

Oração da criança:

Querido Jesus, gosto muito de você,
gosto do papai e da mamãe,
dos meus irmãos e de todos os
meus amigos.
Jesus, quero que todas as crianças
tenham escola, comida, saúde.
Que a nenhuma criança falte amor.
Que todos conheçam e gostem de
você. Obrigado, Jesus,
porque você é muito bom.
Amém.

GUARDANDO DE COR

"Jesus, fica comigo, pois eu quero estar com você."

Nome:____________________ Catequista:__________________

20 - VENHA SERVIR COMO JESUS

1. Numere as nuvenzinhas seguindo a ordem da história que seu catequista contou.

( ) 

( ) 

( ) 

( ) 

( ) 

( ) 

2. Pense em uma maneira de você ajudar as pessoas e a escreva:

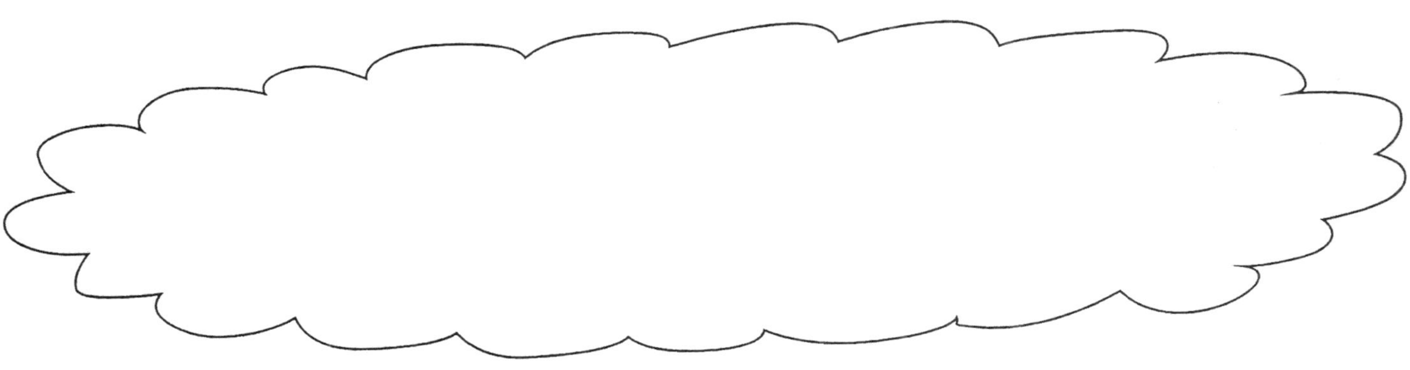

3. Pinte as flores que estão ao lado das frases verdadeiras:

- JESUS LAVOU OS PÉS DOS DISCÍPULOS.
- JESUS QUIS NOS ENSINAR QUE DEVEMOS SERVIR AS PESSOAS.
- JESUS NÃO GOSTAVA DE AJUDAR SEU PAI NA CARPINTARIA.
- JESUS AJUDAVA SUA MÃE.

Ave-Maria:

Ave Maria, cheia de graça, o Senhor é convosco; bendita sois vós entre as mulheres e bendito é o fruto do vosso ventre, Jesus. Santa Maria, Mãe de Deus, rogai por nós pecadores, agora e na hora de nossa morte. Amém.

Nome:____________________ Catequista:__________________

21 - JESUS, NOSSO PASTOR

1. Ajude o pastor a encontrar a ovelhinha Lila, ligando o pontilhado:

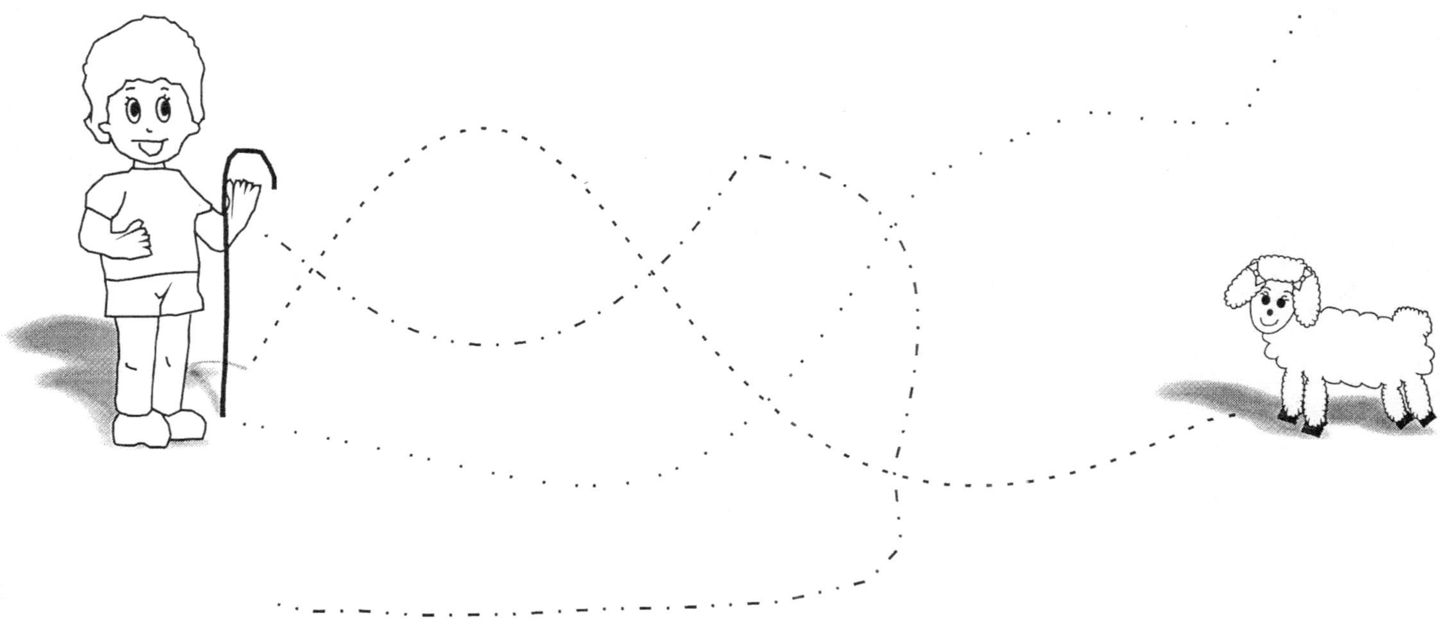

2. Você quer ser uma ovelhinha de Jesus? Então, escreva o que você pode fazer para ser uma "boa ovelhinha":

3. Desenhe, no coração, você sendo acolhido(a) pelo Bom Pastor, Jesus.

Jesus é o pastor.
Me chama pelo nome,
Me cuida com amor.

Jesus é o pastor.
Sou sua ovelhinha,
Me acolhe com amor.

Nome:____________________ Catequista:____________________

22 - PRECISAMOS DE PERDÃO

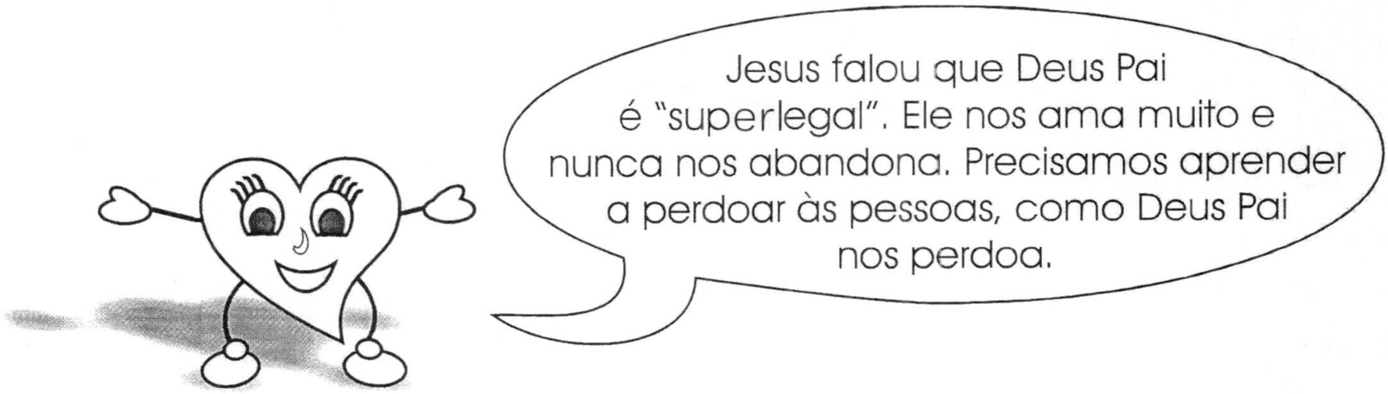

1. Decore os corações com bolinhas de papel e ajude o filho a chegar até seu pai, que o ama tanto:

2. Que tal fazer um pedido de perdão por não ter amado e ajudado as pessoas como Jesus gostaria?! Escreva-o no quadro abaixo:

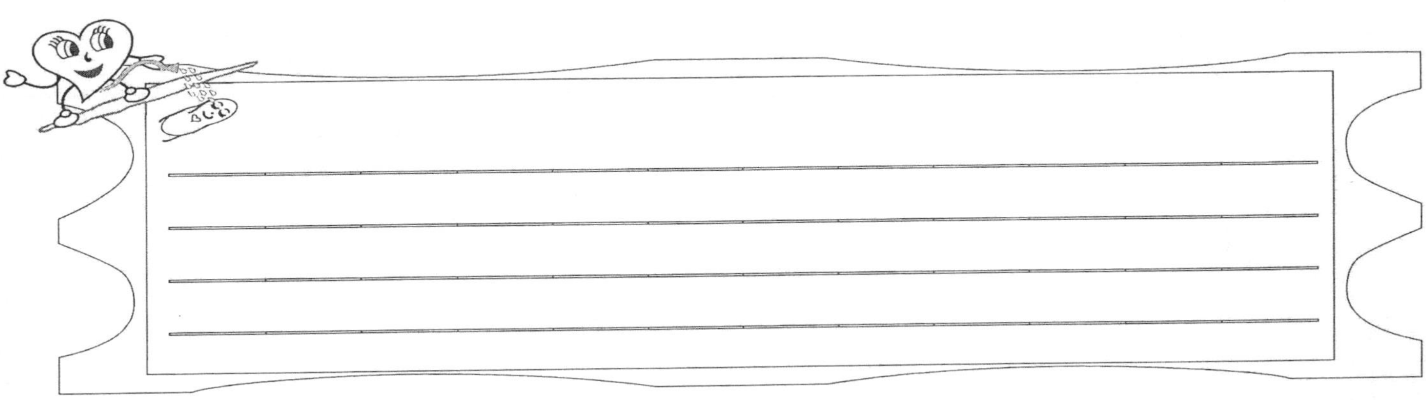

3. Forme a frase colocando letras nos balões, de acordo com os números:

6 2 5 9   2   7 4 9 9 4   8 1 3

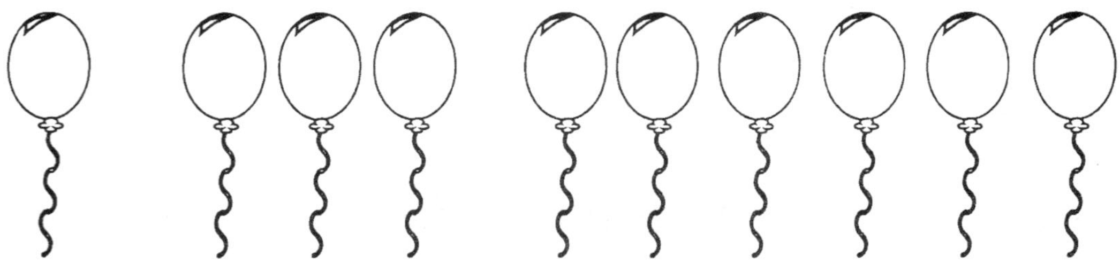

2   7 4 9   8 2 10 6 4 1

9 2 11 8 10 2

1= A	2= E	3=I	
4= O	5= U	6= D	7= N
8= P	9=S	10 = R	11=M

Nome:____________________ Catequista:__________________

23 - O PRESENTE DE JESUS

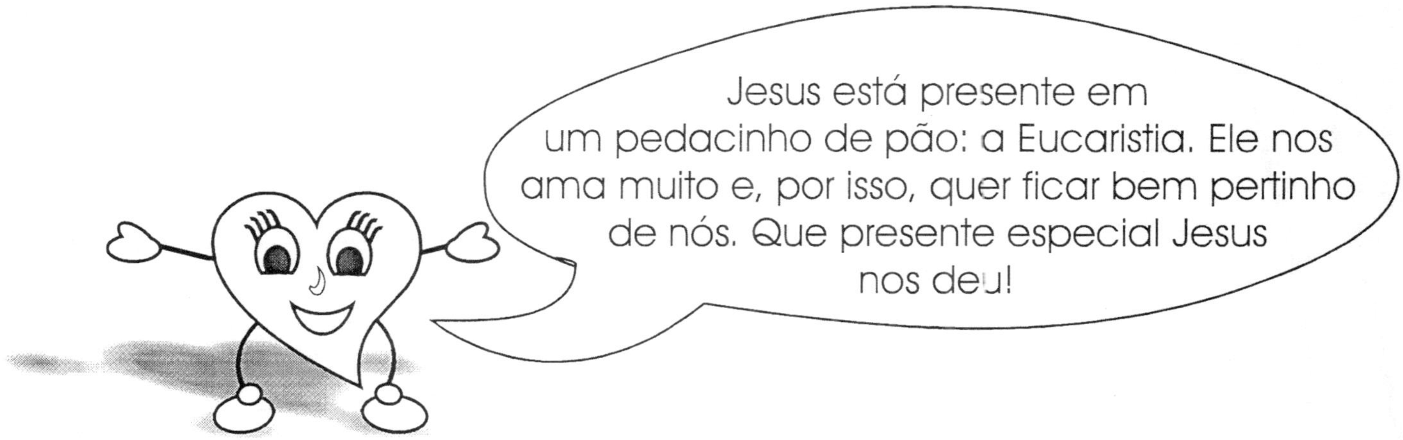

1. Desenhe uma caixa de presente bem bonita em volta do grande presente que Jesus nos deu:

EUCARISTIA

2. Complete a cruzadinha com as palavras grifadas no texto:

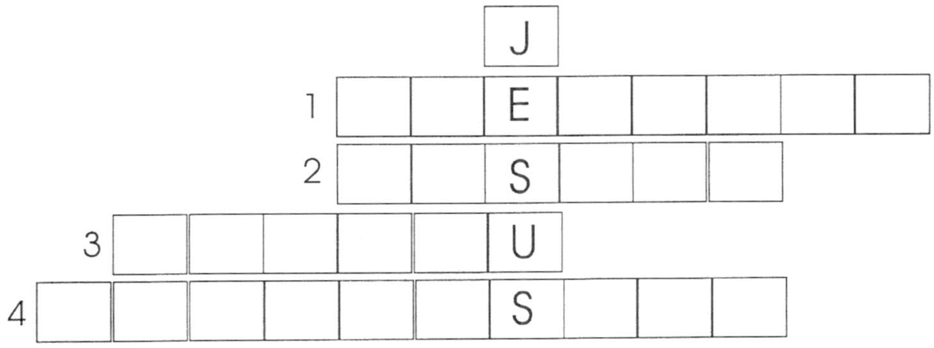

"Jesus pegou o pão, agradeceu a Deus, partiu-o e o distribuiu a eles."
Jesus nos deixou um grande presente: a Eucaristia.
"Na missa, o padre repete as palavras e os gestos de Jesus, e depois acontece de novo o grande milagre de Jesus: ficar presente em um pedacinho de pão, a hóstia.

3. Você quer ficar perto de Jesus? Escreva um bilhetinho, dizendo o que vai fazer para ficar ainda mais pertinho dele:

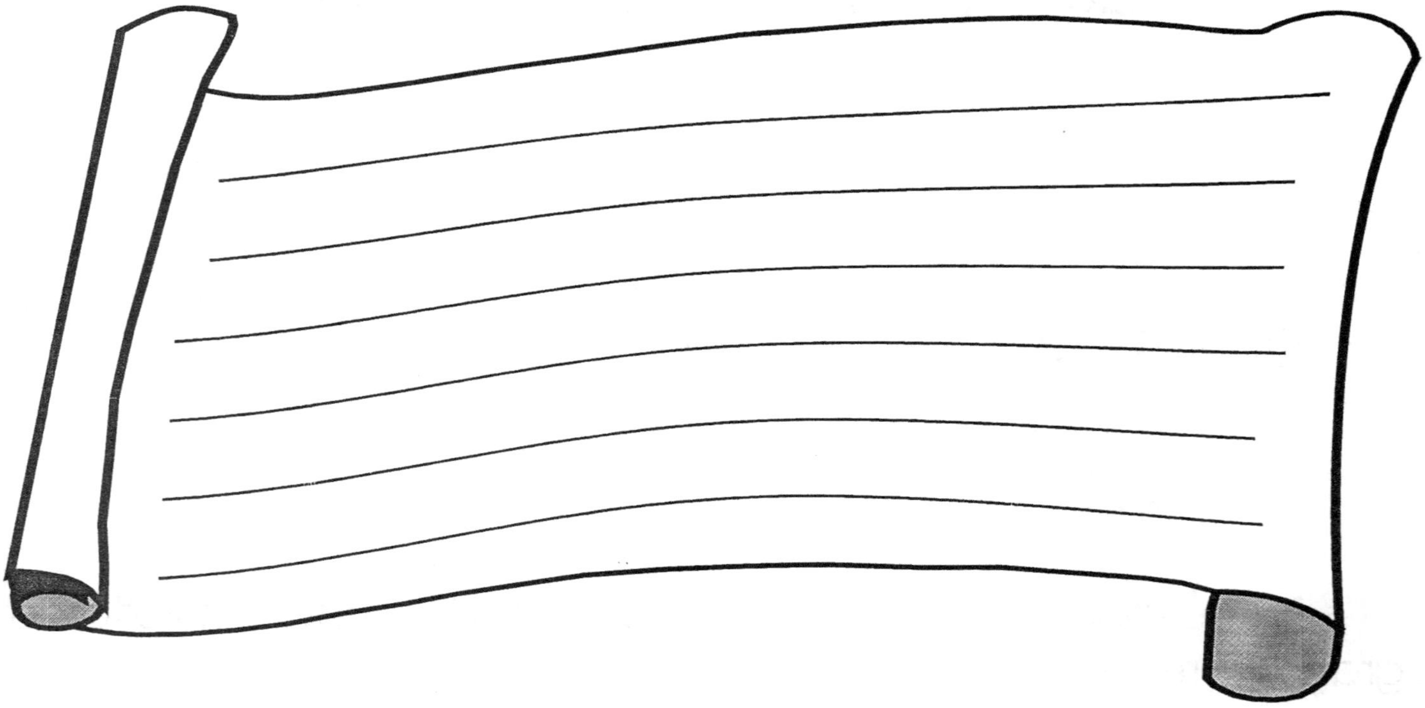

Jesus, nossa Luz; Jesus, nosso Pão!
O encontro de amor minh'alma bendiz!
Jesus, nossa Luz; Jesus, nosso Pão,
Meu Deus, com Você sou feliz!
(KOLLING, M.T. Vamos à casa do Senhor.
Cd. São Paulo: Paulus, 2001, faixa 9)

Nome:____________________ Catequista:____________________

24 - JESUS SOFREU POR NÓS

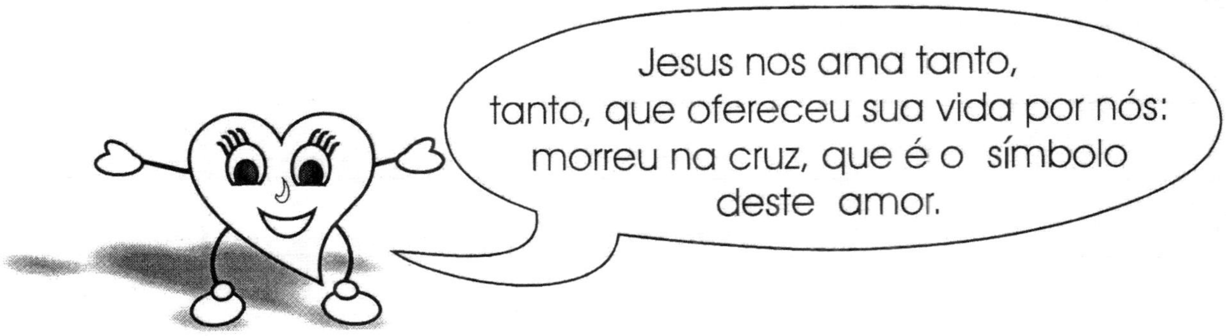

1. A cruz é o símbolo do cristão. Enfeite a cruz com lantejoula.

2. Faça uma oração bem bonita para Jesus, agradecendo seu amor por nós:

____

____

____

____

3.Complete a frase com as vogais que faltam:

A = ♧ E = ☆ O= ✚

J__SUS C__M SU__ M__RT__ QUIS N__S __NSIN__R
☆ ✚ ♧ ✚ ☆ ✚ ☆ ♧

QU__ D__V__M__S S__R B__NS __ __M__R__S
☆ ☆ ☆ ✚ ☆ ✚ ☆ ♧ ♧ ♧

P__SS__ __S S__MPR__.
☆ ✚ ♧ ☆ ☆

Nome:____________________ Catequista:____________________

25 - QUE ALEGRIA! JESUS RESSUSCITOU!

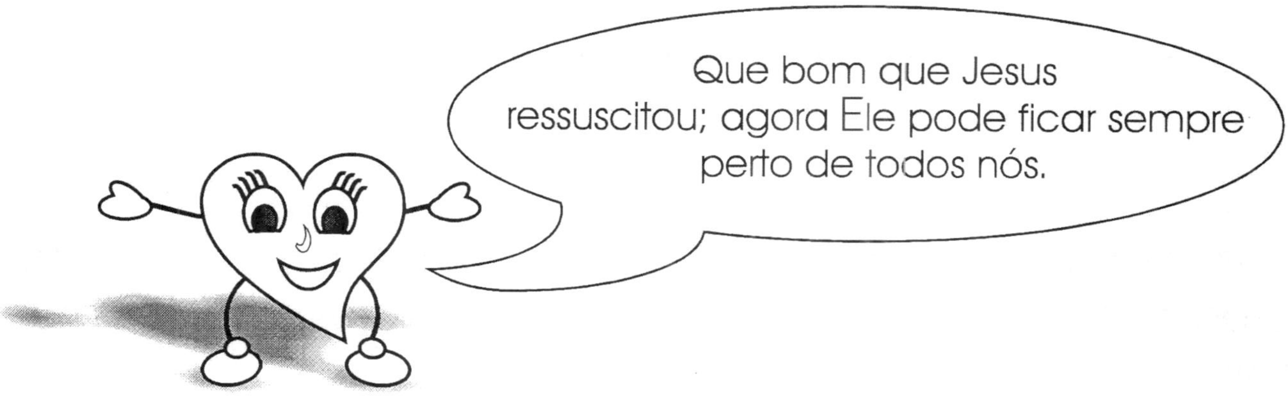

1. Depois de conhecer a história da ressurreição de Jesus, contada pelo seu catequista, desenhe como você imagina a ressurreição de Jesus.

2. A festa da comemoração da ressurreição de Jesus é a mais importante do ano. Escreva e enfeite o nome desta festa.

______ ______ ______ ______ ______ ______

3. Cristo ressuscitou, aleluia! Faça uma oração agradecendo a presença de Jesus no meio de nós e a escreva no quadro abaixo: